VENTE DU MERCREDI 27 FÉVRIER 1901

HOTEL DROUOT, SALLE N° 7

À TROIS HEURES 1/2

68 Aquarelles

PAR

D. BOURGOIN

COMMISSAIRE-PRISEUR

M° LÉON TUAL

56, rue de la Victoire

EXPERT

M. LÉON GERARD

18, rue Drouot

EXPOSITIONS

Particulière : *Le Mardi 26 Février 1901, de 2 heures à 6 heures.*
Publique : *Le Mercredi 27 Février 1901, de 1 h. 1/2 à 3 heures.*

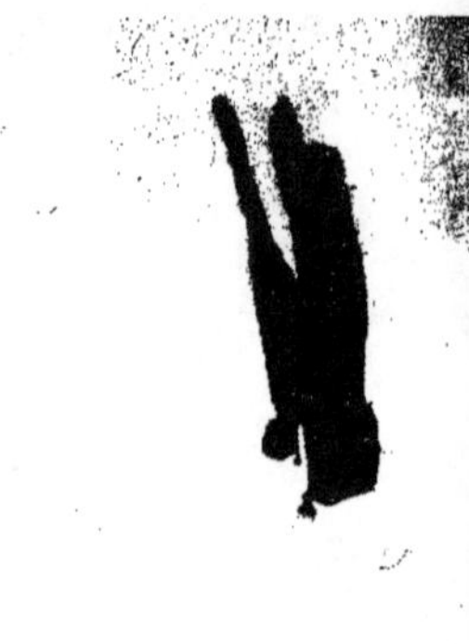

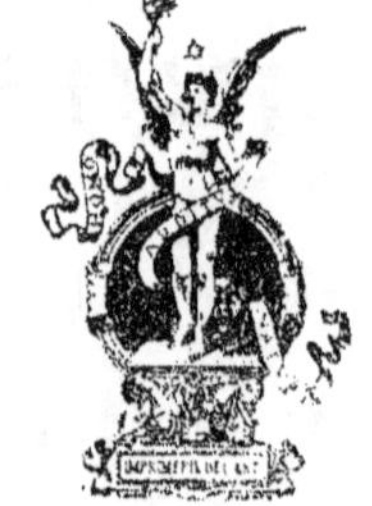

CATALOGUE

DE

68 AQUARELLES

PAR

D. BOURGOIN

DONT LA VENTE AURA LIEU

HOTEL DROUOT, SALLE N° 7

Le Mercredi 27 Février 1901

à trois heures 1/4

PAR LE MINISTÈRE DE

Me LÉON TUAL, Commissaire-priseur, 56, rue de la Victoire

ASSISTÉ DE

M. LÉON GERARD, Expert, 18, rue Drouot.

Chez lesquels on trouve le Catalogue

EXPOSITIONS

PARTICULIÈRE : *Le Mardi 26 Février 1901, de 2 heures à 6 heures.*
PUBLIQUE : *Le Mercredi 27 Février 1901, de 1 h. 1/2 à 3 heures.*

CONDITIONS DE LA VENTE

Elle sera faite au comptant.

Les acquéreurs paieront *dix pour cent* en sus des prix d'adjudication.

L'exposition mettant le public à même de se rendre compte de l'état des objets, il ne sera admis aucune réclamation, l'adjudication prononcée.

Paris. — Imp. de l'Art, E. Moreau et Cⁱᵉ, 41, rue de la Victoire.

Désiré BOURGOIN

C'est en plein soleil, par un superbe mois de juin, que j'ai fait la connaissance de Désiré Bourgoin.

Voici dans quelles circonstances :

J'errais à l'aventure, aux alentours de Bois-le-Roi, quand j'aperçus, au pied d'un cerisier, un grand bonhomme maigre et tout de blanc habillé. Je suppose qu'il est là pour effrayer les moineaux et préserver les cerises. Ayant toujours eu pour ces petits paysans, qu'on appelle vulgairement des pierrots, une sympathie toute particulière, je m'avance, furieux, bien décidé à faire un mauvais parti à mon mannequin. Mon mannequin vivait, il vivait deux fois, puisqu'il travaillait. Et me voilà en arrêt sur un artiste qui donnait la dernière touche à une aquarelle. Un coup d'œil suffit pour voir à qui j'ai affaire. Je change de physionomie et je m'apprête à lui adresser mes excuses, lorsque, prenant les devants il se lève, me tend la main et me dit :

— Comment vas-tu ?

Notre amitié était scellée.

Quand Bourgoin se fut nommé, je remerciai le hasard qui me procurait l'occasion de me lier avec un artiste pour lequel j'avais toujours eu beaucoup de sympathie. Vous pensez bien que le nom de Bourgoin ne m'était pas inconnu. J'avais, à plusieurs reprises, remarqué ses aquarelles au Salon. J'avais plus d'une fois éprouvé le charme de son art, art si difficile, et qu'il possède comme un véritable maître. J'avais senti toute la poésie de son pinceau, qu'il représentât l'immensité d'une plaine, qu'il profilât sur le ciel un petit bois, qu'il rendît la féerie des papillons et des fleurs, ou qu'il campât fièrement un paysan, détaché sur un horizon lointain et reprenant haleine entre deux coups de faux.

Depuis, nous ne nous sommes guère quittés, il m'a initié à sa poétique, il m'a conté ses désillusions, il m'a expliqué son rêve, il m'a rendu témoin de ses succès ; il m'a permis de constater quels progrès amènent l'acharnement au travail et l'amour de son art. Plus tard quand, faisant défiler devant mes yeux la collection dont on trouvera plus loin la nomenclature, il m'a généreusement demandé mon avis, je n'ai pu m'empêcher de lui reprocher une coquetterie qui, à d'autres yeux que les miens, pouvait aisément passer pour de la fatuité.

Bourgoin, vous allez pouvoir en juger, grâce au commissaire-priseur et à l'expert, Bourgoin est un des rares aquarellistes qui se soient rendu compte des avantages d'une observation quotidienne, et qui aient osé s'attaquer résolument aux premiers plans toujours si difficiles à interpréter et à exécuter. Il a donné à l'aquarelle une vérité et une vigueur que j'ai rarement trouvées chez ses rivaux, il a su ne pas sacrifier, au charme d'un métier trop souvent efféminé chez les autres, le dessin, la composition et la couleur, et ça a été le secret de sa vogue. Procédant comme le grand maître Jacquemart, il a su, à force de recherches, de conscience, d'habileté et, disons le mot, de talent, pénétrer dans les colorations les plus fraîches et les plus subtiles de la nature, les reproduire avec une légèreté, une transparence de touche incroyable, et toute la difficulté est là ! — Obtenir la vérité de l'effet qui, pour être à la fois limpide et juste, doit être enlevé du premier coup.

L'exposition de Bourgoin lui assignera définitivement un rang tout particulier parmi nos aquarellistes, et quelle diversité! Ici, un champ dans une gamme claire, puissante et tranquille; là, un coin de jardin d'une exécution pleine de souplesse, avec des réveillons de coquelicots qui chantent comme une fanfare; plus loin, le cours de la Seine, d'une réalité rigoureuse; plus loin encore, un profil de village d'une facilité hardie et brillante; plus loin enfin, des personnages merveilleux de touche et de couleur, toute la gamme de la nature! Quelque chose comme un hosannah!

Mais je suis vraiment bien naïf de chercher à vous expliquer ce que vous allez voir et comprendre si bien. La muse de Bourgoin est une belle fille qui n'a de secrets pour personne. Elle se sait trop jolie pour être problématique et ne rougit pas si l'on frôle un peu les plis de sa tunique. Au bout de quelques instants, elle vous aura dit son nom comme Bourgoin m'a donné le sien, autrefois, dans la plaine de Bois-le-Roi, au pied d'un cerisier, en plein soleil.

Georges Duval.

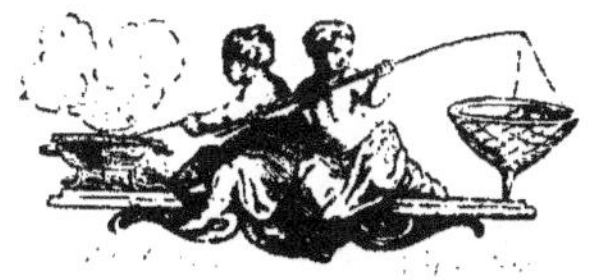

DÉSIGNATION

1 — Les Jeunes Pommiers.

2 — Route automnale.

3 — Gerbes d'automne.

4 — Entrée de Forêt, à Bois-le-Roy.

5 — Fleur des champs.

6 — Le Petit Gardien.

7 — Bottelées de seigle.

8 -- La Maison du garde.

9 — Dans la Scierie.

10 — Soleil couchant. (Les Blés.)

11 — Les Pavots. (Coin de jardin.)

12 — Les Chrysantèmes.

13 — La Mare à Rat. (F. de Font.)

14 — Effet matinal. (Brolles.)

32 — Le Repos.

33 — Le Scieur de bois. (Bois-le-Roy.)

34 — Dans les Barraques.

35 — Les Bruyères. (F. de Font.)

36 — Roches et fougères.

37 — Plaine au soleil.

38 — Pommiers en fleurs.

39 — Poirier en fleurs.

40 — En Forêt. (F. de Font.)

41 — Les Genêts.

42 — Les Pavots.

43 — Les Ruines.

44 — Les Bouillons blancs.

45 — Effet d'Automne. (Allée de F. de Font.)

46 — Au Printemps.

47 — Capucines. (Étude.)

48 — Roses trémières. (Étude.)

49 — Coquelicots et pavots. (Étude).

50 — Pavots variés. (Étude.)

51 — Pavots variés. (Étude.)

52 — Roses trémières rouges, au soleil.

53 — Jardin du curé.

54 — Esquisse de la Galerie Louis XII du baron Adolphe de Rothschild.

55 — Dans les petits rochers. (F. de Font.)

56 — Roses trémières. (Roses.)

57 — Le Vieux Chêne. (Mare à Dagneau.) (F. de Font.)

58 — Dans les fougères. (Carrefour des longues Vallées.)

59 — Rue de village. (Effet de brouillard.)

60 — Girollées, girofla.

61 — Boules de neiges et pivoines.

62 — Envoi du parrain.

63 — Les Lys dans les champs.

64 — Route de Bourgogne.

www.ingramcontent.com/pod-product-compliance
Lightning Source LLC
LaVergne TN
LVHW020859200726
843508LV00003B/1244